¡Gracias por su compra!

Recuerda dejarnos un comentario en Amazon para darnos tu opinión.

Encontrarás un código QR para escanear al final del cuaderno y dar tu opinión fácilmente

No dudes en consultar los demás libros de la colección también al final del folleto

¡Buen aprendizaje!

2

1 → 2 ↓ 3 ↓

a **あ**

あ あ あ

あ	あ	あ	あ	あ	あ	あ	あ	あ	あ	あ	
あ	あ	あ	あ	あ	あ	あ	あ	あ	あ	あ	
あ	あ	あ	あ	あ	あ	あ	あ	あ	あ	あ	
あ	あ	あ	あ	あ	あ	あ	あ	あ	あ	あ	
あ											
あ											
あ											
あ											
あ											
あ											
あ											

あ	あ	あ	あ	あ	あ	あ	あ	あ	あ		
あ	あ	あ	あ	あ	あ	あ	あ	あ	あ		
あ	あ	あ	あ	あ	あ	あ	あ	あ	あ		
あ	あ	あ	あ	あ	あ	あ	あ	あ	あ		
あ											
あ											
あ											
あ											
あ											
あ											
あ											
あ											
あ											
あ											
あ											

i

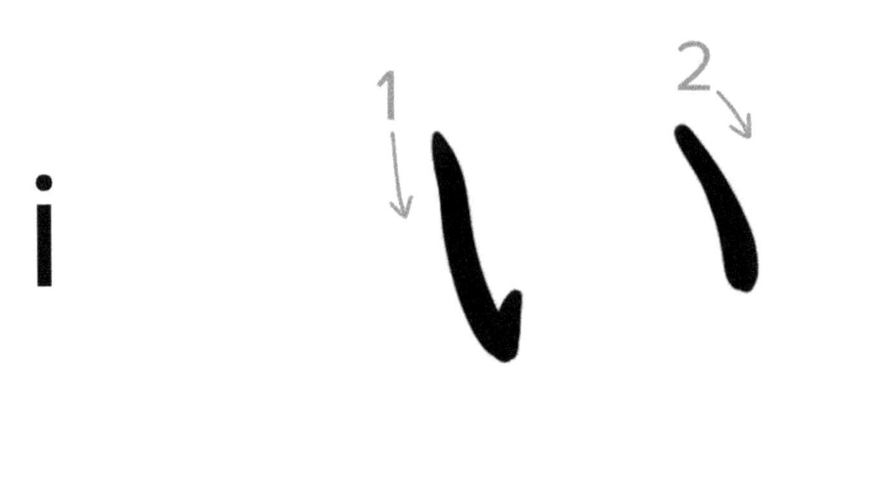

u

1 2

う

うう

う	う	う	う	う	う	う	う	う	う		
う	う	う	う	う	う	う	う	う	う		
う	う	う	う	う	う	う	う	う	う		
う	う	う	う	う	う	う	う	う	う		
う											
う											
う											
う											
う											
う											
う											

う	う	う	う	う	う	う	う	う	う		
う	う	う	う	う	う	う	う	う	う		
う	う	う	う	う	う	う	う	う	う		
う	う	う	う	う	う	う	う	う	う		
う											
う											
う											
う											
う											
う											
う											
う											
う											
う											
う											

e

1 2

え

え
え

ええええええええええ
ええええええええええ
ええええええええええ
ええええええええええ
え
え
え
え
え
え
え

え	え	え	え	え	え	え	え	え	え		
え	え	え	え	え	え	え	え	え	え		
え	え	え	え	え	え	え	え	え	え		
え	え	え	え	え	え	え	え	え	え		
え											
え											
え											
え											
え											
え											
え											
え											
え											
え											
え											

o

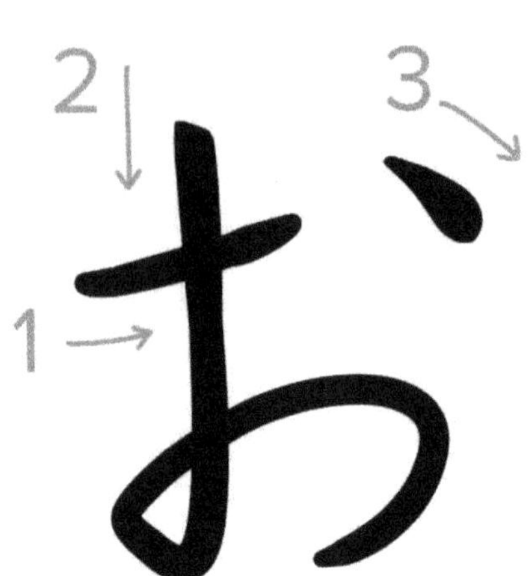

おおお

おおおおおおおおおおお
おおおおおおおおおおお
おおおおおおおおおおお
おおおおおおおおおおお
お
お
お
お
お
お
お

おおおおおおおおおお
おおおおおおおおおお
おおおおおおおおおお
おおおおおおおおおお
お
お
お
お
お
お
お
お
お
お
お

ka

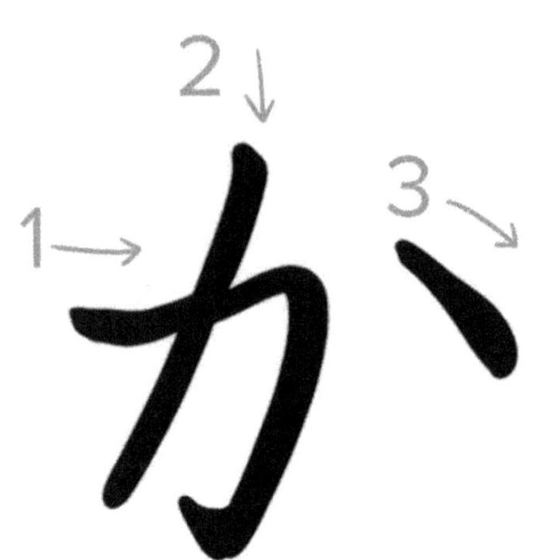

か
か
か

か	か	か	か	か	か	か	か	か	か	か	
か	か	か	か	か	か	か	か	か	か	か	
か	か	か	か	か	か	か	か	か	か	か	
か	か	か	か	か	か	か	か	か	か	か	
か											
か											
か											
か											
か											
か											
か											

かかかかかかかかかか
かかかかかかかかかか
かかかかかかかかかか
かかかかかかかかかか
か
か
か
か
か
か
か
か
か
か
か

ki

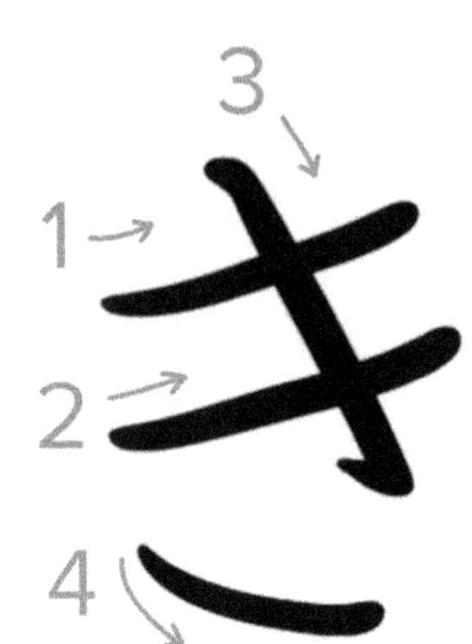

きききき

き
き
き
き
き
き
き
き
き
き
き

きききききききききき
きききききききききき
きききききききききき
きききききききききき
き
き
き
き
き
き
き
き
き
き
き

ku

く

く	く	く	く	く	く	く	く	く	く	く	く
く	く	く	く	く	く	く	く	く	く	く	く
く	く	く	く	く	く	く	く	く	く	く	く
く	く	く	く	く	く	く	く	く	く		
く											
く											
く											
く											
く											
く											
く											

く	く	く	く	く	く	く	く	く	く		
く	く	く	く	く	く	く	く	く	く		
く	く	く	く	く	く	く	く	く	く		
く	く	く	く	く	く	く	く	く	く		
く											
く											
く											
く											
く											
く											
く											
く											
く											
く											
く											

ke

け

1 ↓ 2→ 3 ↓

けけけ

けけけけけけけけけけけ
けけけけけけけけけけけ
けけけけけけけけけけけ
けけけけけけけけけけけ
け
け
け
け
け
け
け

け	け	け	け	け	け	け	け	け	け		
け	け	け	け	け	け	け	け	け	け		
け	け	け	け	け	け	け	け	け	け		
け	け	け	け	け	け	け	け	け	け		
け											
け											
け											
け											
け											
け											
け											
け											
け											
け											
け											

ko

1→

2

こ

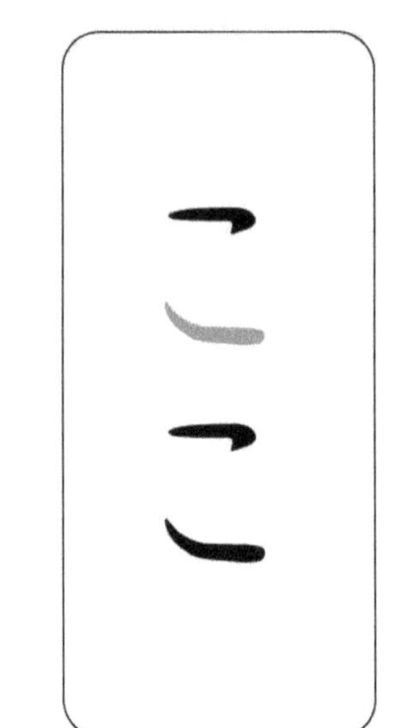

こ	こ	こ	こ	こ	こ	こ	こ	こ	こ	こ	
こ	こ	こ	こ	こ	こ	こ	こ	こ	こ	こ	
こ	こ	こ	こ	こ	こ	こ	こ	こ	こ	こ	
こ	こ	こ	こ	こ	こ	こ	こ	こ	こ	こ	
こ											
こ											
こ											
こ											
こ											
こ											
こ											

こ	こ	こ	こ	こ	こ	こ	こ	こ	こ		
こ	こ	こ	こ	こ	こ	こ	こ	こ	こ		
こ	こ	こ	こ	こ	こ	こ	こ	こ	こ		
こ	こ	こ	こ	こ	こ	こ	こ	こ	こ		
こ											
こ											
こ											
こ											
こ											
こ											
こ											
こ											
こ											
こ											
こ											

sa

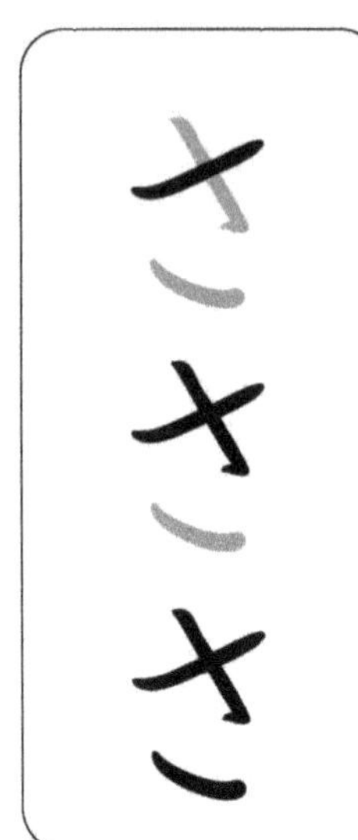

さ	さ	さ	さ	さ	さ	さ	さ	さ	さ		
さ	さ	さ	さ	さ	さ	さ	さ	さ	さ		
さ	さ	さ	さ	さ	さ	さ	さ	さ	さ		
さ	さ	さ	さ	さ	さ	さ	さ	さ			
さ											
さ											
さ											
さ											
さ											
さ											
さ											
さ											
さ											
さ											
さ											

shi

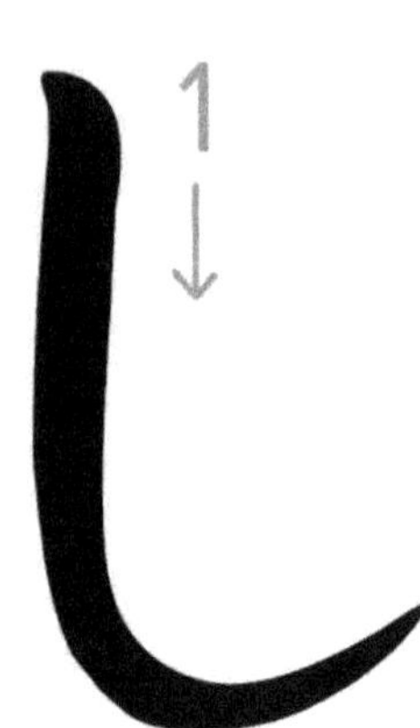

し

l	l	l	l	l	l	l	l	l	l		
l	l	l	l	l	l	l	l	l	l		
l	l	l	l	l	l	l	l	l	l		
l	l	l	l	l	l	l	l	l	l		
l											
l											
l											
l											
l											
l											
l											
l											
l											
l											
l											

su

す

1 →
↓2

す	す	す	す	す	す	す	す	す	す		
す	す	す	す	す	す	す	す	す	す		
す	す	す	す	す	す	す	す	す	す		
す	す	す	す	す	す	す	す	す	す		
す											
す											
す											
す											
す											
す											
す											
す											
す											
す											
す											

se

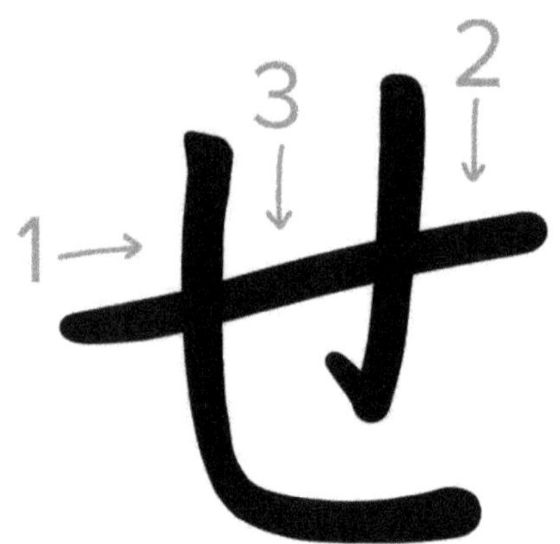

せ
せ
せ

せ	せ	せ	せ	せ	せ	せ	せ	せ	せ		
せ	せ	せ	せ	せ	せ	せ	せ	せ	せ		
せ	せ	せ	せ	せ	せ	せ	せ	せ	せ		
せ	せ	せ	せ	せ	せ	せ	せ	せ	せ		
せ											
せ											
せ											
せ											
せ											
せ											
せ											

せ	せ	せ	せ	せ	せ	せ	せ	せ	せ		
せ	せ	せ	せ	せ	せ	せ	せ	せ	せ		
せ	せ	せ	せ	せ	せ	せ	せ	せ	せ		
せ	せ	せ	せ	せ	せ	せ	せ	せ	せ		
せ											
せ											
せ											
せ											
せ											
せ											
せ											
せ											
せ											
せ											
せ											

SO

そ

そ	そ	そ	そ	そ	そ	そ	そ	そ	そ	そ	
そ	そ	そ	そ	そ	そ	そ	そ	そ	そ	そ	
そ	そ	そ	そ	そ	そ	そ	そ	そ	そ	そ	
そ	そ	そ	そ	そ	そ	そ	そ	そ	そ	そ	
そ											
そ											
そ											
そ											
そ											
そ											
そ											

そ	そ	そ	そ	そ	そ	そ	そ	そ	そ		
そ	そ	そ	そ	そ	そ	そ	そ	そ	そ		
そ	そ	そ	そ	そ	そ	そ	そ	そ	そ		
そ	そ	そ	そ	そ	そ	そ	そ	そ	そ		
そ											
そ											
そ											
そ											
そ											
そ											
そ											
そ											
そ											
そ											
そ											

ta

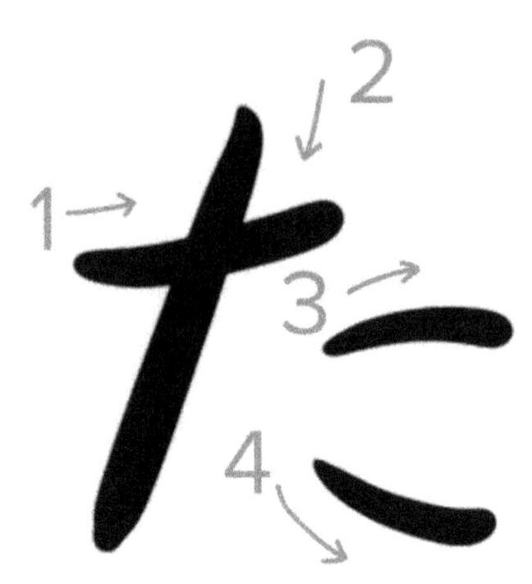

たたたた

た	た	た	た	た	た	た	た	た	た		
た	た	た	た	た	た	た	た	た	た		
た	た	た	た	た	た	た	た	た	た		
た	た	た	た	た	た	た	た	た	た		
た											
た											
た											
た											
た											
た											
た											

た	た	た	た	た	た	た	た	た	た		
た	た	た	た	た	た	た	た	た	た		
た	た	た	た	た	た	た	た	た	た		
た	た	た	た	た	た	た	た	た	た		
た											
た											
た											
た											
た											
た											
た											
た											
た											
た											
た											

chi

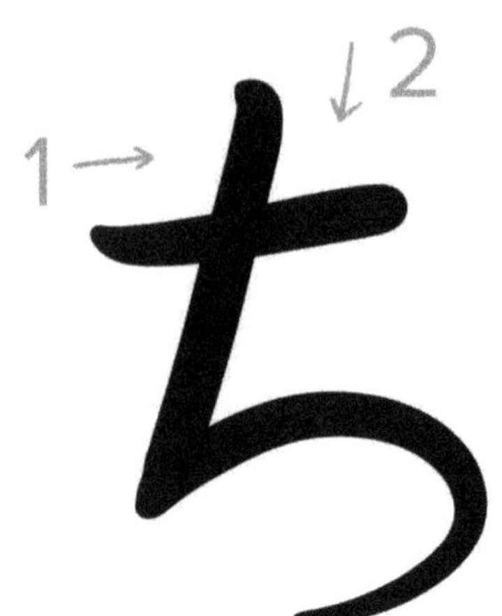

ち
ち

ち	ち	ち	ち	ち	ち	ち	ち	ち	ち	ち	ち	
ち	ち	ち	ち	ち	ち	ち	ち	ち	ち	ち	ち	
ち	ち	ち	ち	ち	ち	ち	ち	ち	ち	ち	ち	
ち	ち	ち	ち	ち	ち	ち	ち	ち	ち	ち	ち	
ち												
ち												
ち												
ち												
ち												
ち												
ち												

ち	ち	ち	ち	ち	ち	ち	ち	ち	ち		
ち	ち	ち	ち	ち	ち	ち	ち	ち	ち		
ち	ち	ち	ち	ち	ち	ち	ち	ち	ち		
ち	ち	ち	ち	ち	ち	ち	ち	ち	ち		
ち											
ち											
ち											
ち											
ち											
ち											
ち											
ち											
ち											
ち											
ち											

tsu

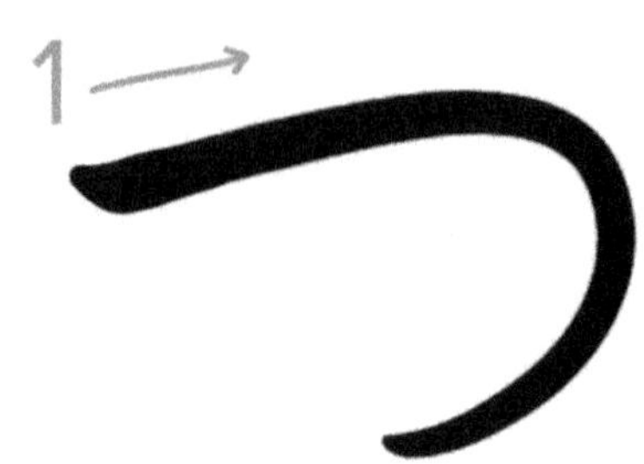

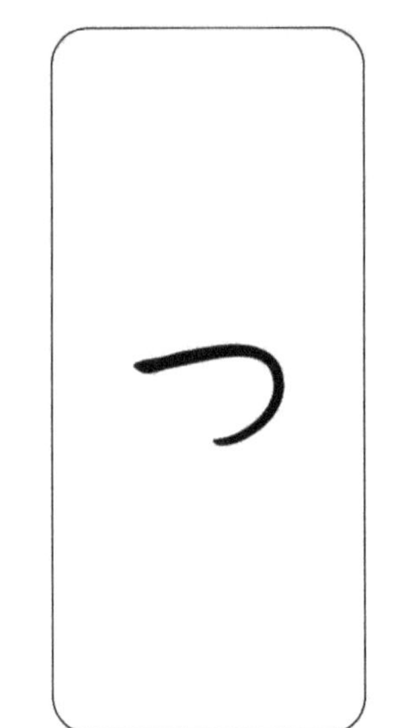

つつつつつつつつつつ
つつつつつつつつつつ
つつつつつつつつつつ
つつつつつつつつつつ
つ
つ
つ
つ
つ
つ
つ
つ
つ
つ
つ

te

1 →

て

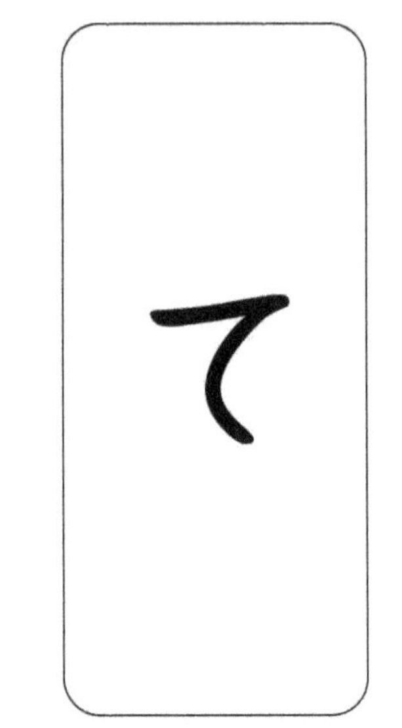

て	て	て	て	て	て	て	て	て	て	て	
て	て	て	て	て	て	て	て	て	て	て	
て	て	て	て	て	て	て	て	て	て	て	
て	て	て	て	て	て	て	て	て	て	て	
て											
て											
て											
て											
て											
て											
て											

てててててててててて
てててててててててて
てててててててててて
てててててててててて
て
て
て
て
て
て
て
て
て
て
て

to

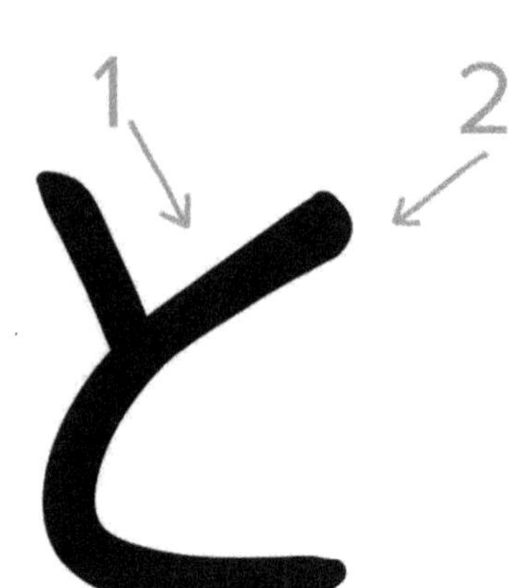

と
と

と	と	と	と	と	と	と	と	と	と	と	
と	と	と	と	と	と	と	と	と	と	と	
と	と	と	と	と	と	と	と	と	と		
と	と	と	と	と	と	と	と	と	と		
と											
と											
と											
と											
と											
と											
と											

とととととととととと
とととととととととと
とととととととととと
とととととととととと
と
と
と
と
と
と
と
と
と
と
と

na

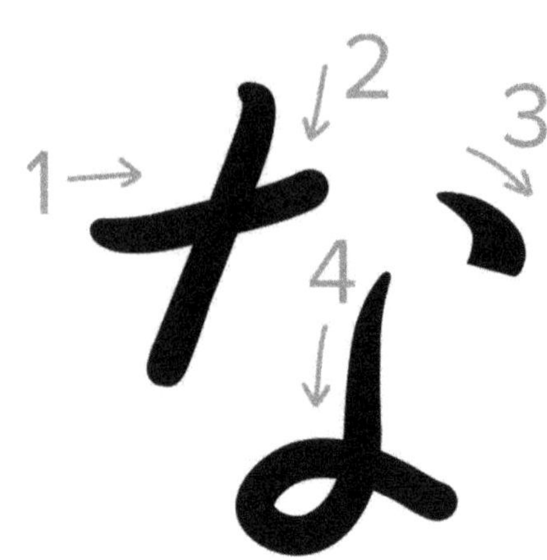

なななな

な	な	な	な	な	な	な	な	な	な	な	
な	な	な	な	な	な	な	な	な	な	な	
な	な	な	な	な	な	な	な	な	な	な	
な	な	な	な	な	な	な	な	な	な	な	
な											
な											
な											
な											
な											
な											
な											

な	な	な	な	な	な	な	な	な	な		
な	な	な	な	な	な	な	な	な	な		
な	な	な	な	な	な	な	な	な	な		
な	な	な	な	な	な	な	な	な	な		
な											
な											
な											
な											
な											
な											
な											
な											
な											
な											
な											

ni

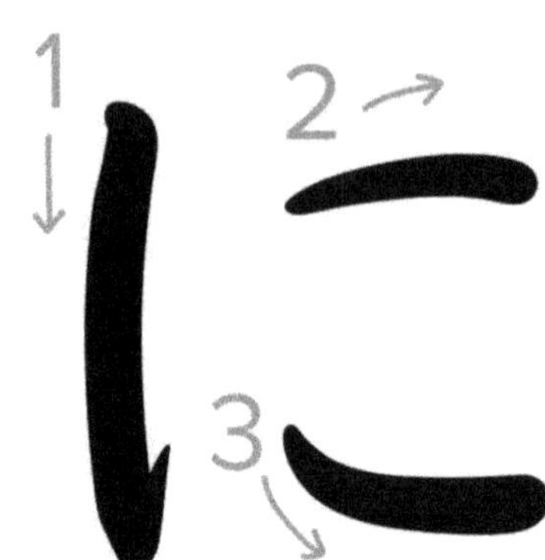

に
に
に

にににににににににに
にににににににににに
にににににににににに
にににににににににに
に
に
に
に
に
に
に
に
に
に
に

nu

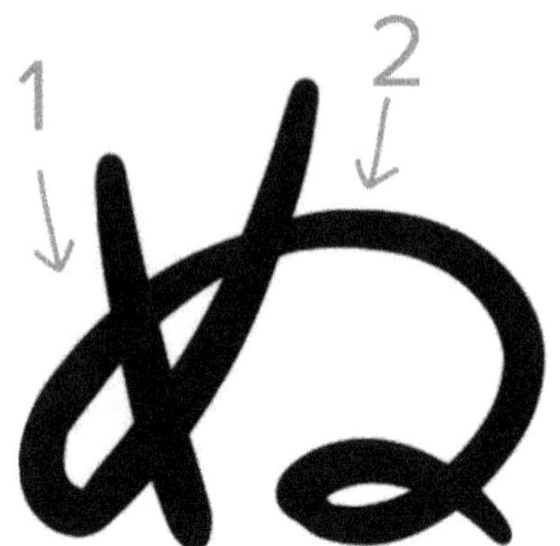

ぬ	ぬ	ぬ	ぬ	ぬ	ぬ	ぬ	ぬ	ぬ	ぬ	ぬ	
ぬ	ぬ	ぬ	ぬ	ぬ	ぬ	ぬ	ぬ	ぬ	ぬ	ぬ	
ぬ	ぬ	ぬ	ぬ	ぬ	ぬ	ぬ	ぬ	ぬ	ぬ	ぬ	
ぬ	ぬ	ぬ	ぬ	ぬ	ぬ	ぬ	ぬ	ぬ	ぬ	ぬ	
ぬ											
ぬ											
ぬ											
ぬ											
ぬ											
ぬ											
ぬ											

ぬ	ぬ	ぬ	ぬ	ぬ	ぬ	ぬ	ぬ	ぬ	ぬ		
ぬ	ぬ	ぬ	ぬ	ぬ	ぬ	ぬ	ぬ	ぬ	ぬ		
ぬ	ぬ	ぬ	ぬ	ぬ	ぬ	ぬ	ぬ	ぬ	ぬ		
ぬ	ぬ	ぬ	ぬ	ぬ	ぬ	ぬ	ぬ	ぬ	ぬ		
ぬ											
ぬ											
ぬ											
ぬ											
ぬ											
ぬ											
ぬ											
ぬ											
ぬ											
ぬ											
ぬ											

ne

ね
ね

ね	ね	ね	ね	ね	ね	ね	ね	ね	ね	ね	
ね	ね	ね	ね	ね	ね	ね	ね	ね	ね		
ね	ね	ね	ね	ね	ね	ね	ね	ね	ね		
ね	ね	ね	ね	ね	ね	ね	ね	ね	ね		
ね											
ね											
ね											
ね											
ね											
ね											
ね											

ね	ね	ね	ね	ね	ね	ね	ね	ね	ね		
ね	ね	ね	ね	ね	ね	ね	ね	ね	ね		
ね	ね	ね	ね	ね	ね	ね	ね	ね	ね		
ね	ね	ね	ね	ね	ね	ね	ね	ね	ね		
ね											
ね											
ね											
ね											
ね											
ね											
ね											
ね											
ね											
ね											
ね											

no

の	の	の	の	の	の	の	の	の	の	の	
の	の	の	の	の	の	の	の	の	の	の	
の	の	の	の	の	の	の	の	の	の	の	
の	の	の	の	の	の	の	の	の	の	の	
の											
の											
の											
の											
の											
の											
の											

の	の	の	の	の	の	の	の	の	の	の	
の	の	の	の	の	の	の	の	の	の	の	
の	の	の	の	の	の	の	の	の	の	の	
の	の	の	の	の	の	の	の	の	の		
の											
の											
の											
の											
の											
の											
の											
の											
の											
の											
の											

ha

は
は
は

は	は	は	は	は	は	は	は	は	は	は	
は	は	は	は	は	は	は	は	は	は	は	
は	は	は	は	は	は	は	は	は	は	は	
は	は	は	は	は	は	は	は	は	は	は	
は											
は											
は											
は											
は											
は											
は											

は	は	は	は	は	は	は	は	は	は		
は	は	は	は	は	は	は	は	は	は		
は	は	は	は	は	は	は	は	は	は		
は	は	は	は	は	は	は	は	は	は		
は											
は											
は											
は											
は											
は											
は											
は											
は											
は											
は											

hi

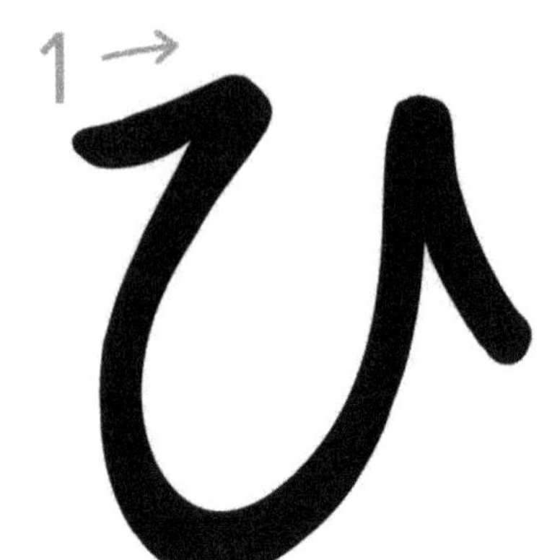

ひ

ひ	ひ	ひ	ひ	ひ	ひ	ひ	ひ	ひ	ひ	ひ	
ひ	ひ	ひ	ひ	ひ	ひ	ひ	ひ	ひ	ひ	ひ	
ひ	ひ	ひ	ひ	ひ	ひ	ひ	ひ	ひ	ひ	ひ	
ひ	ひ	ひ	ひ	ひ	ひ	ひ	ひ	ひ	ひ	ひ	
ひ											
ひ											
ひ											
ひ											
ひ											
ひ											
ひ											

ひ	ひ	ひ	ひ	ひ	ひ	ひ	ひ	ひ	ひ		
ひ	ひ	ひ	ひ	ひ	ひ	ひ	ひ	ひ	ひ		
ひ	ひ	ひ	ひ	ひ	ひ	ひ	ひ	ひ	ひ		
ひ	ひ	ひ	ひ	ひ	ひ	ひ	ひ	ひ	ひ		
ひ											
ひ											
ひ											
ひ											
ひ											
ひ											
ひ											
ひ											
ひ											
ひ											
ひ											

fu

ふ
ふ
ふ
ふ

ふ	ふ	ふ	ふ	ふ	ふ	ふ	ふ	ふ	ふ	ふ	
ふ	ふ	ふ	ふ	ふ	ふ	ふ	ふ	ふ	ふ	ふ	
ふ	ふ	ふ	ふ	ふ	ふ	ふ	ふ	ふ	ふ	ふ	
ふ	ふ	ふ	ふ	ふ	ふ	ふ	ふ	ふ	ふ	ふ	
ふ											
ふ											
ふ											
ふ											
ふ											
ふ											
ふ											

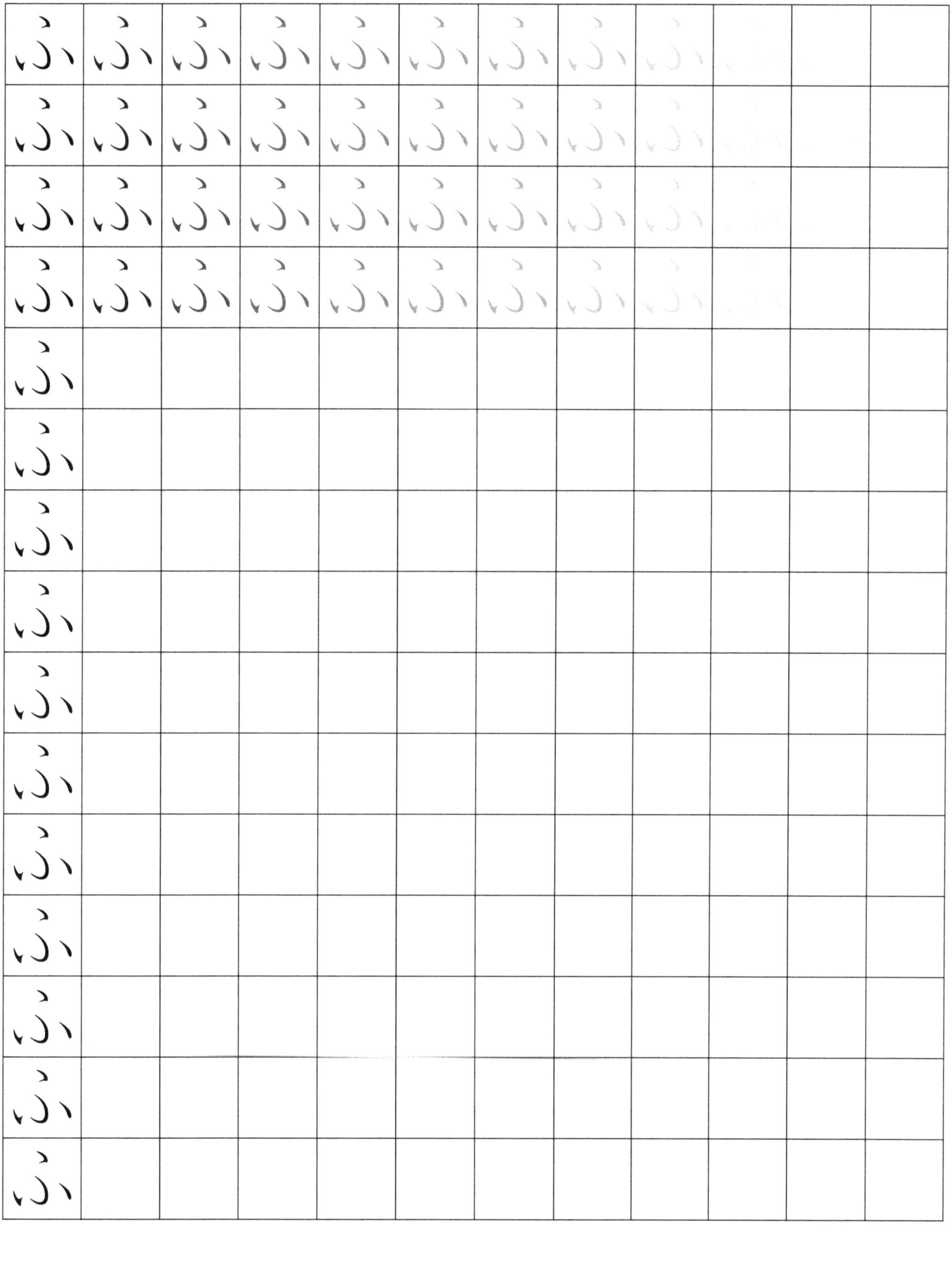

he

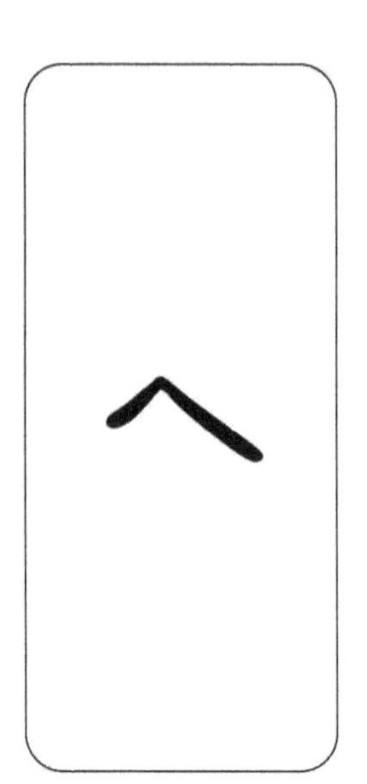

ho

ほほほほ

ほほほほほほほほほほ
ほほほほほほほほほほ
ほほほほほほほほほほ
ほほほほほほほほほほ
ほ
ほ
ほ
ほ
ほ
ほ
ほ

ほ	ほ	ほ	ほ	ほ	ほ	ほ	ほ	ほ	ほ		
ほ	ほ	ほ	ほ	ほ	ほ	ほ	ほ	ほ	ほ		
ほ	ほ	ほ	ほ	ほ	ほ	ほ	ほ	ほ	ほ		
ほ	ほ	ほ	ほ	ほ	ほ	ほ	ほ	ほ	ほ		
ほ											
ほ											
ほ											
ほ											
ほ											
ほ											
ほ											
ほ											
ほ											
ほ											
ほ											

ma

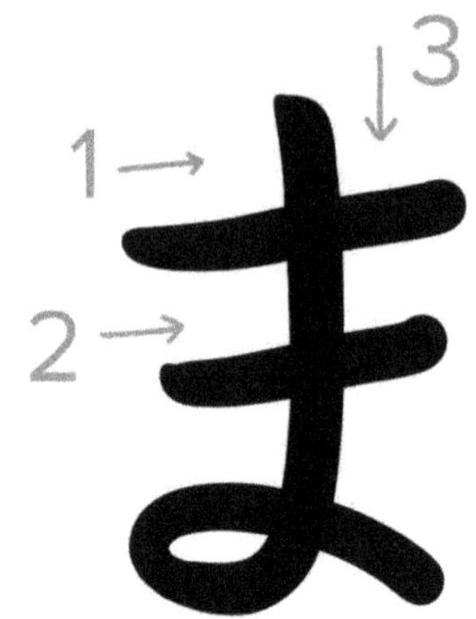

まままま

ま	ま	ま	ま	ま	ま	ま	ま	ま	ま	ま	
ま	ま	ま	ま	ま	ま	ま	ま	ま	ま	ま	
ま	ま	ま	ま	ま	ま	ま	ま	ま	ま	ま	
ま	ま	ま	ま	ま	ま	ま	ま	ま	ま	ま	
ま											
ま											
ま											
ま											
ま											
ま											
ま											

ま	ま	ま	ま	ま	ま	ま	ま	ま	ま		
ま	ま	ま	ま	ま	ま	ま	ま	ま	ま		
ま	ま	ま	ま	ま	ま	ま	ま	ま	ま		
ま	ま	ま	ま	ま	ま	ま	ま	ま	ま		
ま											
ま											
ま											
ま											
ま											
ま											
ま											
ま											
ま											
ま											
ま											

mi

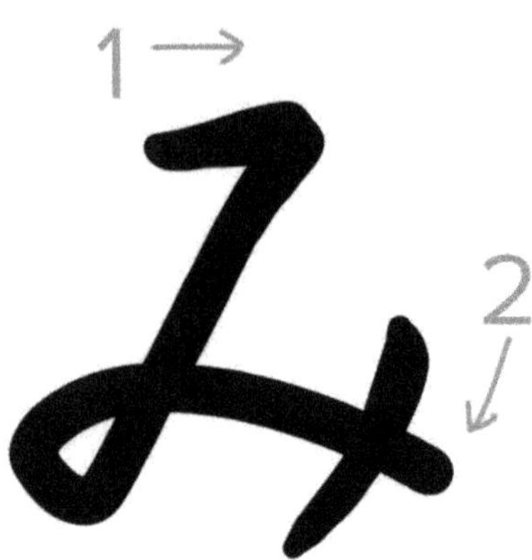

みみ

み	み	み	み	み	み	み	み	み	み		
み	み	み	み	み	み	み	み	み	み		
み	み	み	み	み	み	み	み	み	み		
み	み	み	み	み	み	み	み	み	み		
み											
み											
み											
み											
み											
み											
み											

みみみみみみみみみみ
みみみみみみみみみみ
みみみみみみみみみみ
みみみみみみみみみみ
み
み
み
み
み
み
み
み
み
み
み

mu

むむむ

む	む	む	む	む	む	む	む	む	む	む	
む	む	む	む	む	む	む	む	む	む	む	
む	む	む	む	む	む	む	む	む	む	む	
む	む	む	む	む	む	む	む	む	む	む	
む											
む											
む											
む											
む											
む											
む											

む	む	む	む	む	む	む	む	む	む		
む	む	む	む	む	む	む	む	む	む		
む	む	む	む	む	む	む	む	む	む		
む	む	む	む	む	む	む	む	む	む		
む											
む											
む											
む											
む											
む											
む											
む											
む											
む											
む											

me

め	め	め	め	め	め	め	め	め	め		
め	め	め	め	め	め	め	め	め	め		
め	め	め	め	め	め	め	め	め	め		
め	め	め	め	め	め	め	め	め	め		
め											
め											
め											
め											
め											
め											
め											

め	め	め	め	め	め	め	め	め	め		
め	め	め	め	め	め	め	め	め	め		
め	め	め	め	め	め	め	め	め	め		
め	め	め	め	め	め	め	め	め	め		
め											
め											
め											
め											
め											
め											
め											
め											
め											
め											
め											

mo

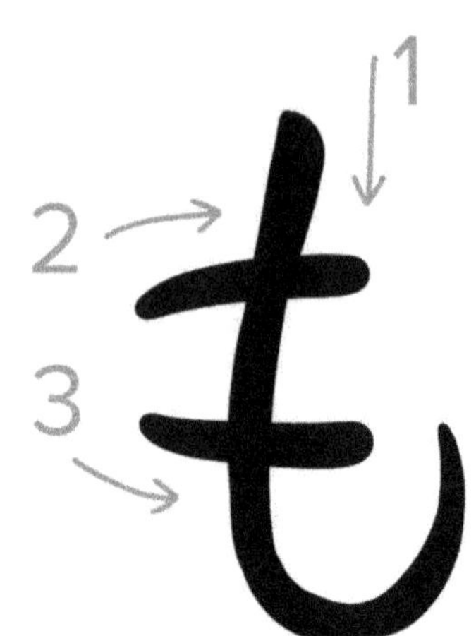

も

もももももももももも
もももももももももも
もももももももももも
もももももももももも
も
も
も
も
も
も
も
も
も
も
も

ya

や	や	や	や	や	や	や	や	や	や		
や	や	や	や	や	や	や	や	や	や		
や	や	や	や	や	や	や	や	や	や		
や	や	や	や	や	や	や	や	や	や		
や											
や											
や											
や											
や											
や											
や											
や											
や											
や											
や											

yu

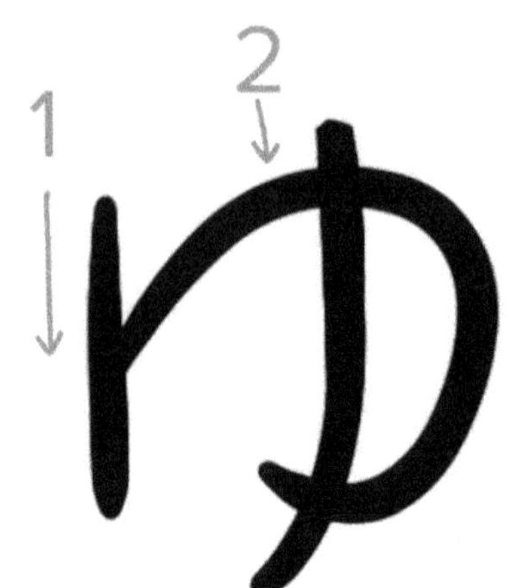

ゆ
ゆ

ゆ	ゆ	ゆ	ゆ	ゆ	ゆ	ゆ	ゆ	ゆ	ゆ		
ゆ	ゆ	ゆ	ゆ	ゆ	ゆ	ゆ	ゆ	ゆ	ゆ		
ゆ	ゆ	ゆ	ゆ	ゆ	ゆ	ゆ	ゆ	ゆ	ゆ		
ゆ	ゆ	ゆ	ゆ	ゆ	ゆ	ゆ	ゆ	ゆ	ゆ		
ゆ											
ゆ											
ゆ											
ゆ											
ゆ											
ゆ											
ゆ											

ゆ	ゆ	ゆ	ゆ	ゆ	ゆ	ゆ	ゆ	ゆ	ゆ		
ゆ	ゆ	ゆ	ゆ	ゆ	ゆ	ゆ	ゆ	ゆ	ゆ		
ゆ	ゆ	ゆ	ゆ	ゆ	ゆ	ゆ	ゆ	ゆ	ゆ		
ゆ	ゆ	ゆ	ゆ	ゆ	ゆ	ゆ	ゆ	ゆ	ゆ		
ゆ											
ゆ											
ゆ											
ゆ											
ゆ											
ゆ											
ゆ											
ゆ											
ゆ											
ゆ											
ゆ											

yo

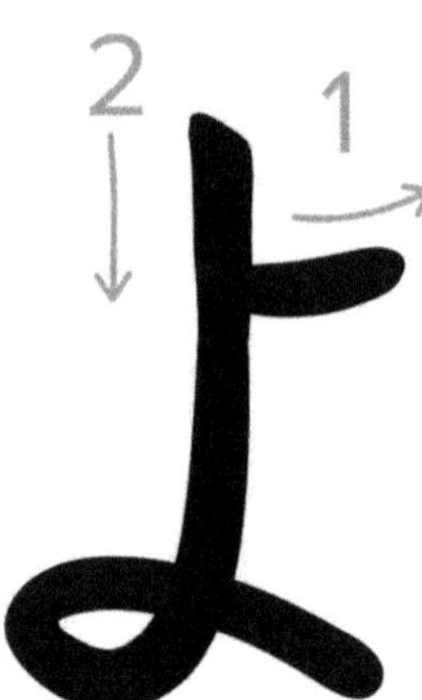

よ
よ

よよよよよよよよよよ
よよよよよよよよよよ
よよよよよよよよよよ
よよよよよよよよよよ
よ
よ
よ
よ
よ
よ
よ
よ
よ
よ
よ

ra

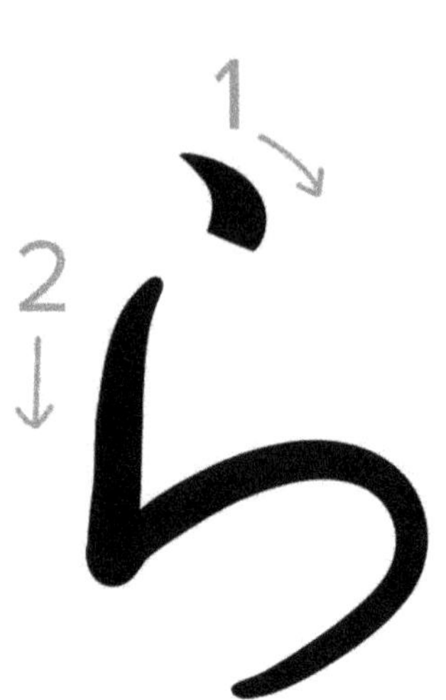

らら

ら	ら	ら	ら	ら	ら	ら	ら	ら	ら		
ら	ら	ら	ら	ら	ら	ら	ら	ら	ら		
ら	ら	ら	ら	ら	ら	ら	ら	ら	ら		
ら	ら	ら	ら	ら	ら	ら	ら	ら	ら		
ら											
ら											
ら											
ら											
ら											
ら											
ら											
ら											
ら											
ら											
ら											

ri

1 2

り

り

り

りりりりりりりりりり
りりりりりりりりりり
りりりりりりりりりり
りりりりりりりりりり
り
り
り
り
り
り
り
り
り
り
り

ru

1→

る

る

る	る	る	る	る	る	る	る	る	る		
る	る	る	る	る	る	る	る	る	る		
る	る	る	る	る	る	る	る	る	る		
る	る	る	る	る	る	る	る	る	る		
る											
る											
る											
る											
る											
る											
る											

るるるるるるるるるる
るるるるるるるるるる
るるるるるるるるるる
るるるるるるるるるる
る
る
る
る
る
る
る
る
る
る
る

re

1
2
れ

れ
れ

れ	れ	れ	れ	れ	れ	れ	れ	れ	れ		
れ	れ	れ	れ	れ	れ	れ	れ	れ	れ		
れ	れ	れ	れ	れ	れ	れ	れ	れ	れ		
れ	れ	れ	れ	れ	れ	れ	れ	れ	れ		
れ											
れ											
れ											
れ											
れ											
れ											
れ											

れ	れ	れ	れ	れ	れ	れ	れ	れ	れ		
れ	れ	れ	れ	れ	れ	れ	れ	れ	れ		
れ	れ	れ	れ	れ	れ	れ	れ	れ	れ		
れ	れ	れ	れ	れ	れ	れ	れ	れ	れ		
れ											
れ											
れ											
れ											
れ											
れ											
れ											
れ											
れ											
れ											
れ											

ro

1 →

ろ

ろ

ろ	ろ	ろ	ろ	ろ	ろ	ろ	ろ	ろ	ろ	ろ	
ろ	ろ	ろ	ろ	ろ	ろ	ろ	ろ	ろ	ろ	ろ	
ろ	ろ	ろ	ろ	ろ	ろ	ろ	ろ	ろ	ろ	ろ	
ろ	ろ	ろ	ろ	ろ	ろ	ろ	ろ	ろ	ろ	ろ	
ろ											
ろ											
ろ											
ろ											
ろ											
ろ											
ろ											

ろ	ろ	ろ	ろ	ろ	ろ	ろ	ろ	ろ	ろ		
ろ	ろ	ろ	ろ	ろ	ろ	ろ	ろ	ろ	ろ		
ろ	ろ	ろ	ろ	ろ	ろ	ろ	ろ	ろ	ろ		
ろ	ろ	ろ	ろ	ろ	ろ	ろ	ろ	ろ	ろ		
ろ											
ろ											
ろ											
ろ											
ろ											
ろ											
ろ											
ろ											
ろ											
ろ											
ろ											

wa

わ
わ

わわわわわわわわわわ
わわわわわわわわわわ
わわわわわわわわわわ
わわわわわわわわわわ
わ
わ
わ
わ
わ
わ
わ

わ	わ	わ	わ	わ	わ	わ	わ	わ	わ		
わ	わ	わ	わ	わ	わ	わ	わ	わ	わ		
わ	わ	わ	わ	わ	わ	わ	わ	わ	わ		
わ	わ	わ	わ	わ	わ	わ	わ	わ	わ		
わ											
わ											
わ											
わ											
わ											
わ											
わ											
わ											
わ											
わ											
わ											

WO

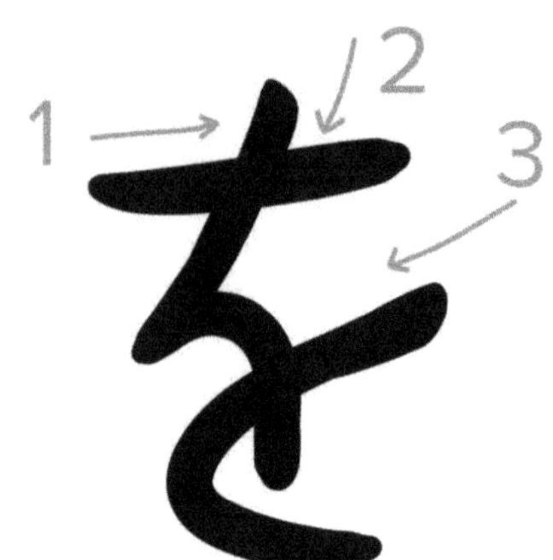

をををををををををを
をををををををををを
をををををををををを
をををををををををを
を
を
を
を
を
を
を
を
を
を
を

n

ん

h	h	h	h	h	h	h	h	h	h		
h	h	h	h	h	h	h	h	h	h		
h	h	h	h	h	h	h	h	h	h		
h	h	h	h	h	h	h	h	h	h		
h											
h											
h											
h											
h											
h											
h											
h											
h											
h											
h											

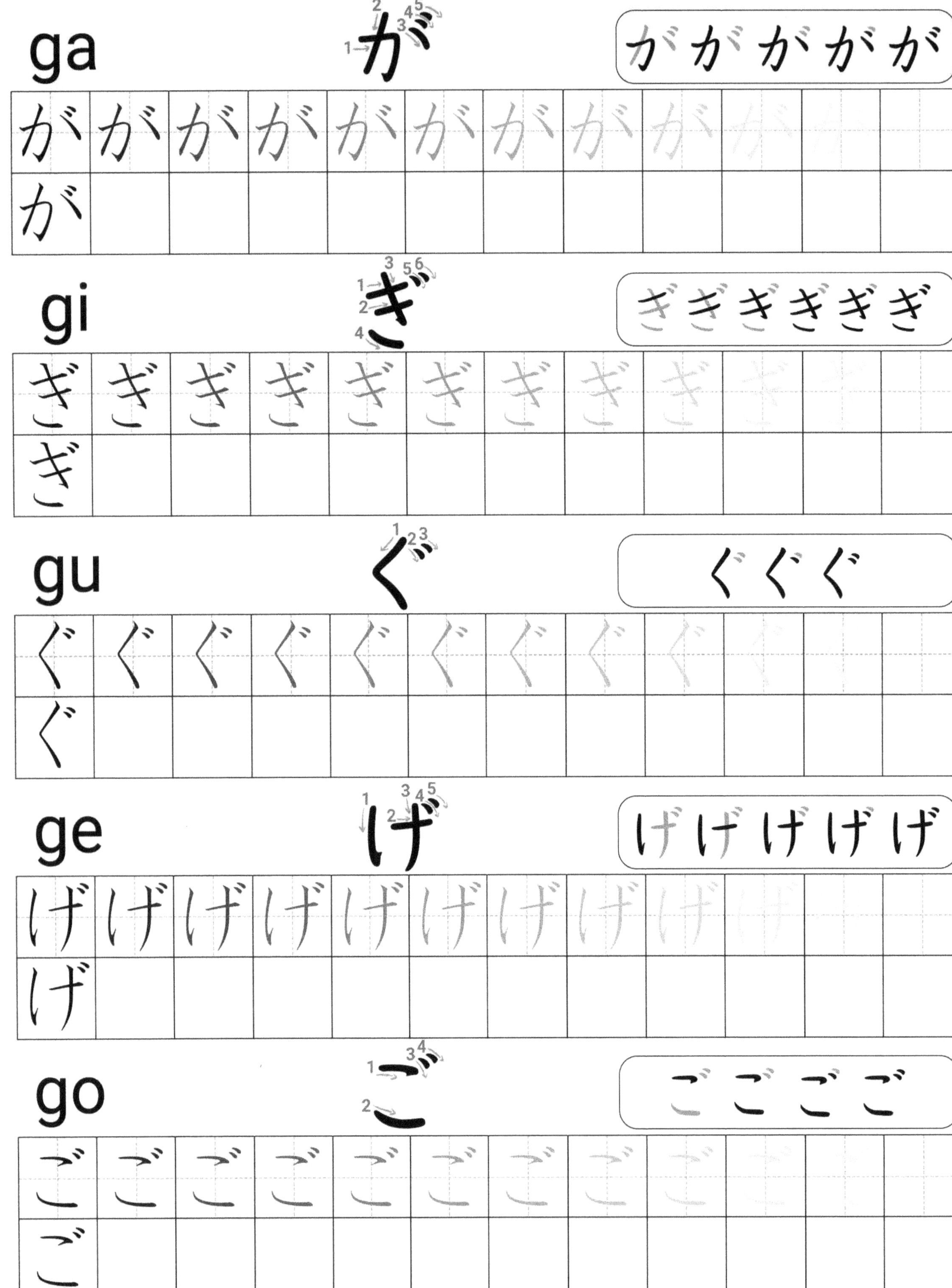

ga
が
ががががが
gi
ぎ
ぎぎぎぎぎぎ
gu
ぐ
ぐぐぐ
ge
げ
げげげげげ
go
ご
ごごごご

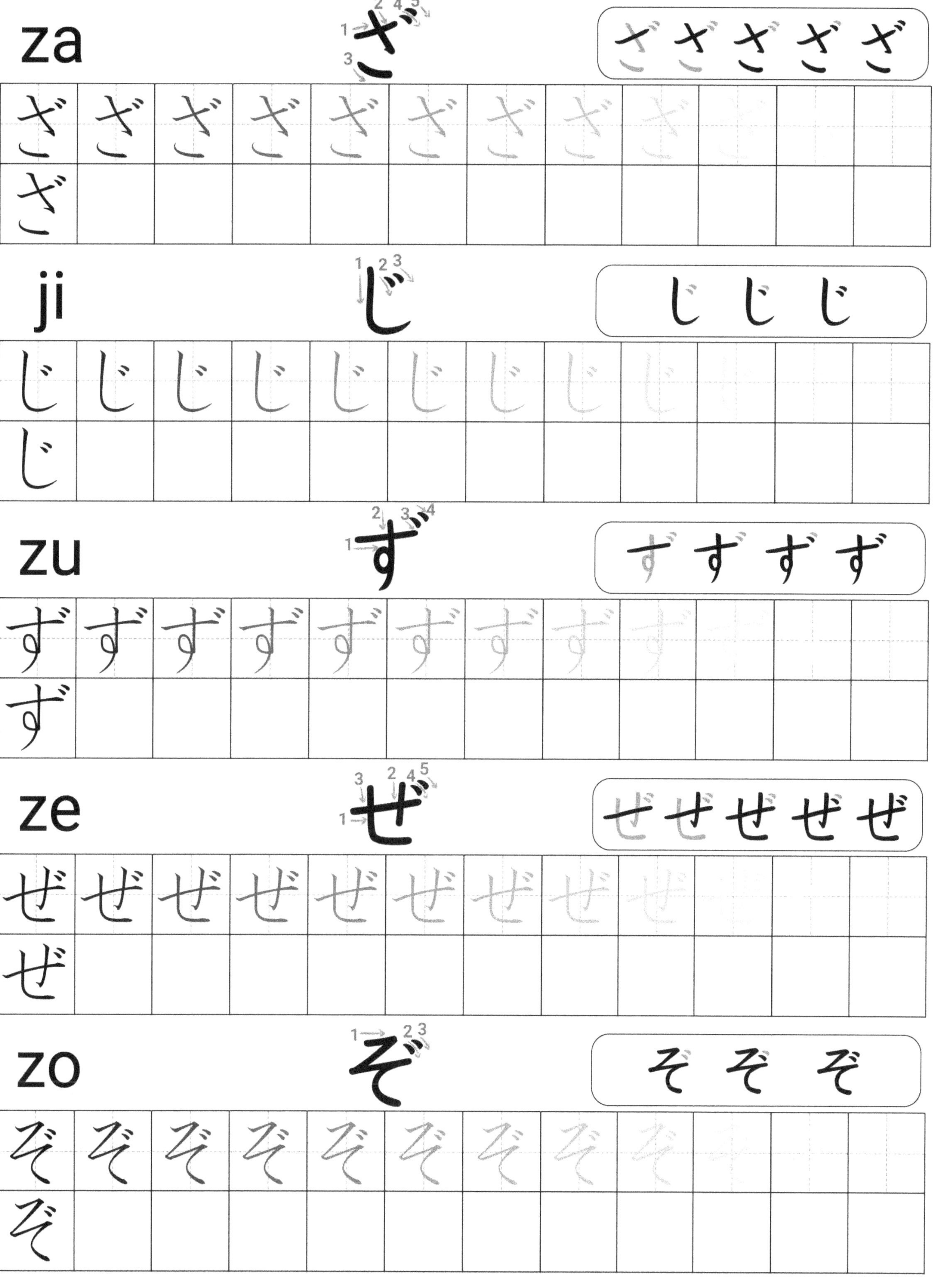

za
ざ
ざざざざざ
ji
じ
じじじ
zu
ず
ずずずず
ze
ぜ
ぜぜぜぜぜ
zo
ぞ
ぞぞぞ

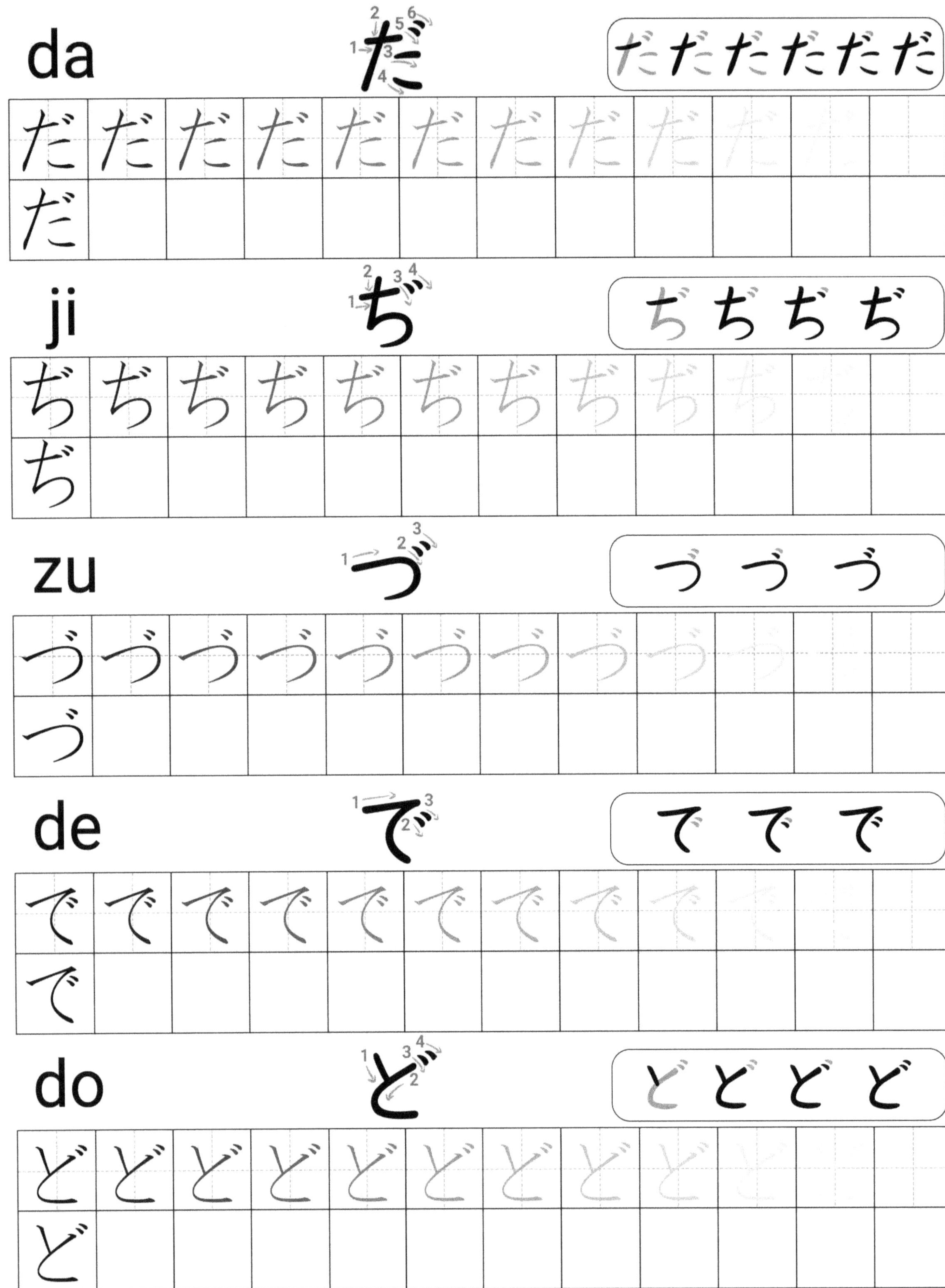
da
だ
だだだだだだ
ji
ぢ
ぢぢぢぢ
zu
づ
づづづ
de
で
ででで
do
ど
どどどど

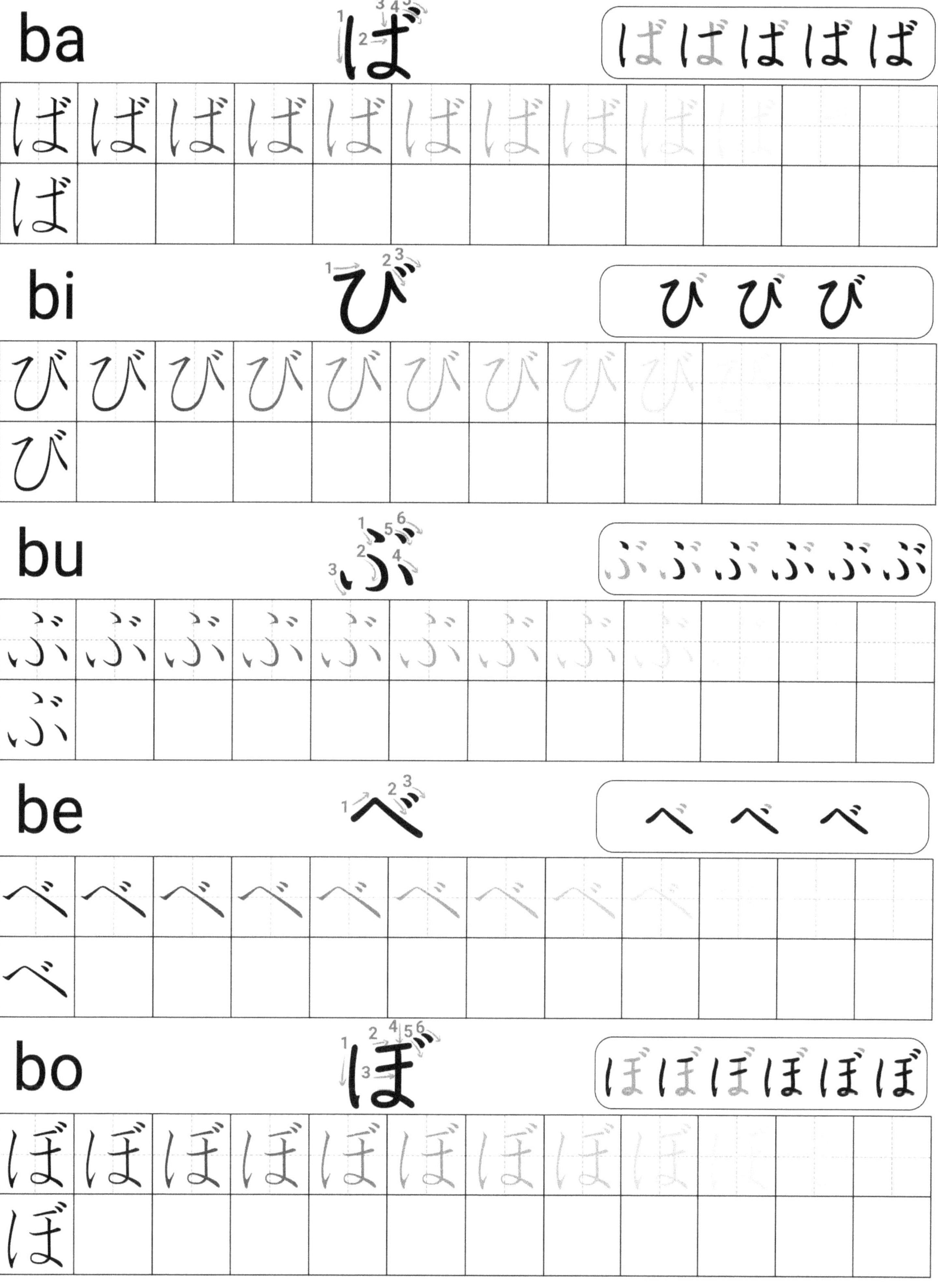
ba
ば
ばばばばば
bi
び
び び び
bu
ぶ
ぶぶぶぶぶぶ
be
べ
べ べ べ
bo
ぼ
ぼぼぼぼぼぼぼ

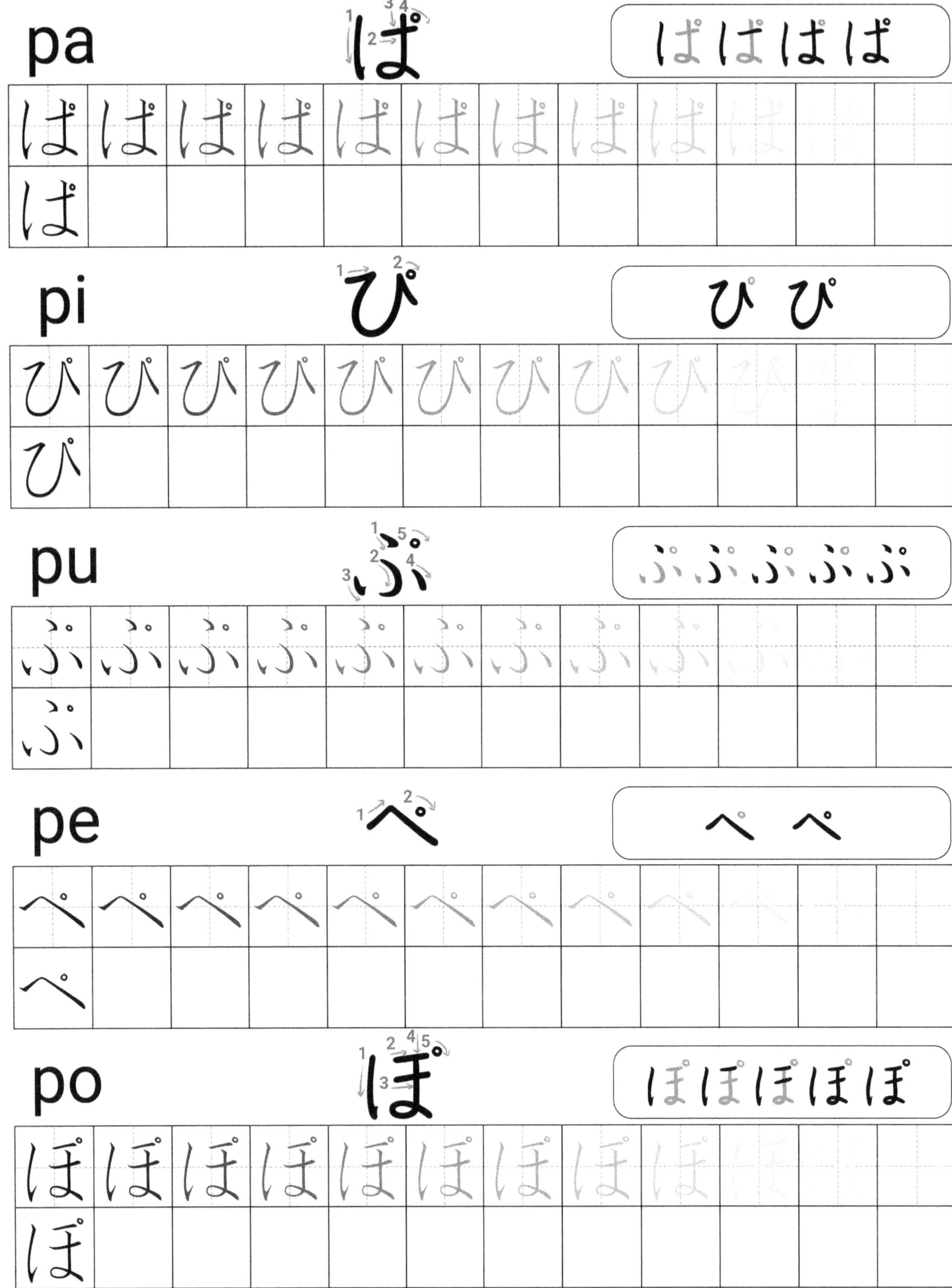
pa
ぱ
ぱぱぱぱ
pi
ぴ
ぴ ぴ
pu
ぷ
ぷぷぷぷぷ
pe
ぺ
ぺ ぺ
po
ぽ
ぽぽぽぽぽ

kya

きゃ きゃ きゃ きゃ
きゃ きゃ きゃ

きゃ	きゃ	きゃ	きゃ	きゃ	きゃ	きゃ	きゃ	きゃ	きゃ		
きゃ	きゃ	きゃ	きゃ	きゃ	きゃ	きゃ	きゃ	きゃ	きゃ		
きゃ											

kyu

きゅ きゅ きゅ きゅ
きゅ きゅ

きゅ	きゅ	きゅ	きゅ	きゅ	きゅ	きゅ	きゅ	きゅ	きゅ		
きゅ	きゅ	きゅ	きゅ	きゅ	きゅ	きゅ	きゅ	きゅ	きゅ		
きゅ											

kyo

きょ きょ きょ きょ
きょ きょ

きょ	きょ	きょ	きょ	きょ	きょ	きょ	きょ	きょ	きょ		
きょ	きょ	きょ	きょ	きょ	きょ	きょ	きょ	きょ	きょ		
きょ											

sha しゃ

しゃ しゃ しゃ しゃ

しゃ	しゃ	しゃ	しゃ	しゃ	しゃ	しゃ	しゃ	しゃ	しゃ	しゃ	
しゃ	しゃ	しゃ	しゃ	しゃ	しゃ	しゃ	しゃ	しゃ	しゃ	しゃ	
しゃ											

shu しゅ

しゅ しゅ しゅ

しゅ	しゅ	しゅ	しゅ	しゅ	しゅ	しゅ	しゅ	しゅ	しゅ	しゅ	
しゅ	しゅ	しゅ	しゅ	しゅ	しゅ	しゅ	しゅ	しゅ	しゅ	しゅ	
しゅ											

sho しょ

しょ しょ しょ

しょ	しょ	しょ	しょ	しょ	しょ	しょ	しょ	しょ	しょ	しょ	
しょ	しょ	しょ	しょ	しょ	しょ	しょ	しょ	しょ	しょ	しょ	
しょ											

cha

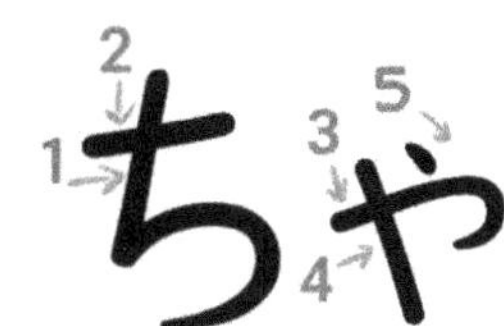

ちゃ ちゃ ちゃ
ちゃ ちゃ

ちゃ	ちゃ	ちゃ	ちゃ	ちゃ	ちゃ	ちゃ	ちゃ	ちゃ	ちゃ		
ちゃ	ちゃ	ちゃ	ちゃ	ちゃ	ちゃ	ちゃ	ちゃ	ちゃ	ちゃ		
ちゃ											

chu

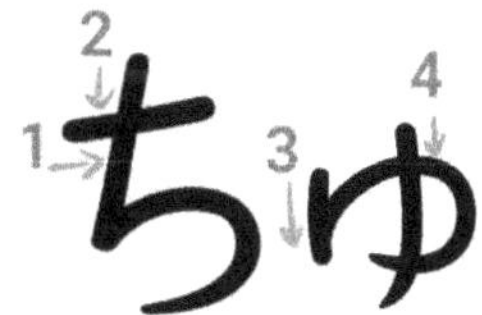

ちゅ ちゅ ちゅ ちゅ

ちゅ	ちゅ	ちゅ	ちゅ	ちゅ	ちゅ	ちゅ	ちゅ	ちゅ	ちゅ		
ちゅ	ちゅ	ちゅ	ちゅ	ちゅ	ちゅ	ちゅ	ちゅ	ちゅ	ちゅ		
ちゅ											

cho

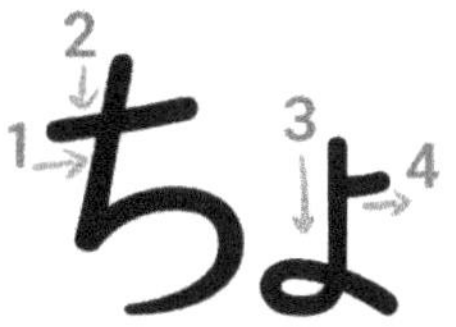

ちょ ちょ ちょ ちょ

ちょ	ちょ	ちょ	ちょ	ちょ	ちょ	ちょ	ちょ	ちょ	ちょ		
ちょ	ちょ	ちょ	ちょ	ちょ	ちょ	ちょ	ちょ	ちょ	ちょ		
ちょ											

nya

にゃ にゃ にゃ
にゃ にゃ にゃ

にゃ	にゃ	にゃ	にゃ	にゃ	にゃ	にゃ	にゃ	にゃ	にゃ	にゃ	
にゃ	にゃ	にゃ	にゃ	にゃ	にゃ	にゃ	にゃ	にゃ	にゃ	にゃ	
にゃ											

nyu

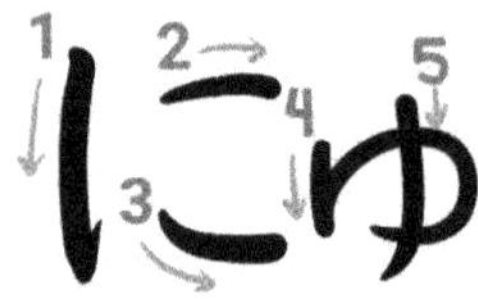

にゅ にゅ にゅ
にゅ にゅ

にゅ	にゅ	にゅ	にゅ	にゅ	にゅ	にゅ	にゅ	にゅ	にゅ	にゅ	
にゅ	にゅ	にゅ	にゅ	にゅ	にゅ	にゅ	にゅ	にゅ	にゅ	にゅ	
にゅ											

nyo

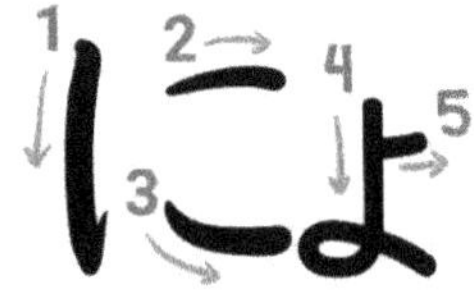

にょ にょ にょ
にょ にょ

にょ	にょ	にょ	にょ	にょ	にょ	にょ	にょ	にょ	にょ		
にょ	にょ	にょ	にょ	にょ	にょ	にょ	にょ	にょ	にょ		
にょ											

hya ひゃ

ひゃ ひゃ ひゃ ひゃ

ひゃ	ひゃ	ひゃ	ひゃ	ひゃ	ひゃ	ひゃ	ひゃ	ひゃ	ひゃ		
ひゃ	ひゃ	ひゃ	ひゃ	ひゃ	ひゃ	ひゃ	ひゃ	ひゃ	ひゃ		
ひゃ											

hyu ひゅ

ひゅ ひゅ ひゅ

ひゅ	ひゅ	ひゅ	ひゅ	ひゅ	ひゅ	ひゅ	ひゅ	ひゅ	ひゅ		
ひゅ	ひゅ	ひゅ	ひゅ	ひゅ	ひゅ	ひゅ	ひゅ	ひゅ	ひゅ		
ひゅ											

hyo ひょ

ひょ ひょ ひょ

ひょ	ひょ	ひょ	ひょ	ひょ	ひょ	ひょ	ひょ	ひょ	ひょ		
ひょ	ひょ	ひょ	ひょ	ひょ	ひょ	ひょ	ひょ	ひょ	ひょ		
ひょ											

mya

みゃ みゃ みゃ
みゃ みゃ

みゃ	みゃ	みゃ	みゃ	みゃ	みゃ	みゃ	みゃ	みゃ	みゃ	みゃ	
みゃ	みゃ	みゃ	みゃ	みゃ	みゃ	みゃ	みゃ	みゃ	みゃ	みゃ	
みゃ											

myu

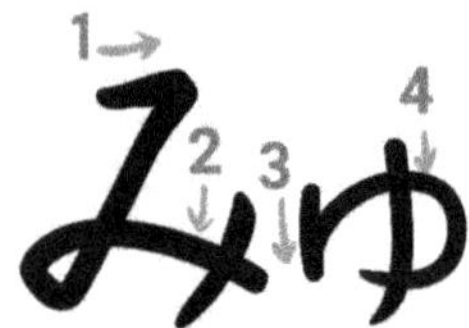

みゅ みゅ みゅ
みゅ

みゅ	みゅ	みゅ	みゅ	みゅ	みゅ	みゅ	みゅ	みゅ	みゅ	みゅ	
みゅ	みゅ	みゅ	みゅ	みゅ	みゅ	みゅ	みゅ	みゅ	みゅ	みゅ	
みゅ											

myo

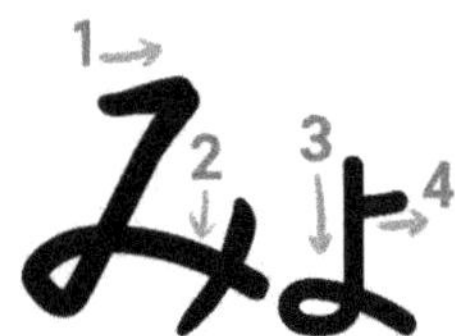

みょ みょ みょ
みょ

みょ	みょ	みょ	みょ	みょ	みょ	みょ	みょ	みょ	みょ		
みょ	みょ	みょ	みょ	みょ	みょ	みょ	みょ	みょ	みょ		
みょ											

rya

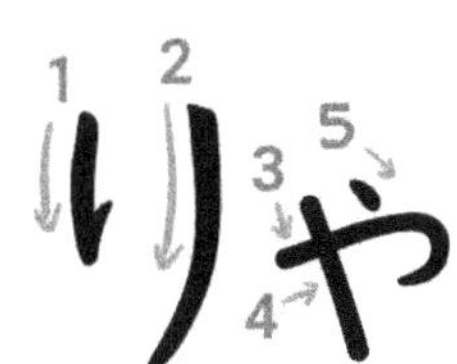

りゃ りゃ りゃ
りゃ りゃ

りゃ	りゃ	りゃ	りゃ	りゃ	りゃ	りゃ	りゃ	りゃ	りゃ		
りゃ	りゃ	りゃ	りゃ	りゃ	りゃ	りゃ	りゃ	りゃ	りゃ		
りゃ											

ryu

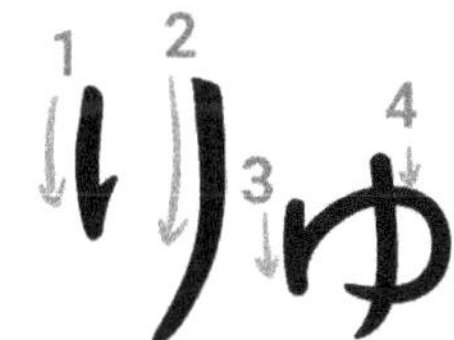

りゅ りゅ りゅ りゅ

りゅ	りゅ	りゅ	りゅ	りゅ	りゅ	りゅ	りゅ	りゅ	りゅ		
りゅ	りゅ	りゅ	りゅ	りゅ	りゅ	りゅ	りゅ	りゅ	りゅ		
りゅ											

ryo

1 2 3 4
りょ

りょ りょ りょ りょ

りょ	りょ	りょ	りょ	りょ	りょ	りょ	りょ	りょ	りょ		
りょ	りょ	りょ	りょ	りょ	りょ	りょ	りょ	りょ	りょ		
りょ											

gya

ぎゃ ぎゃ ぎゃ ぎゃ
ぎゃ ぎゃ ぎゃ ぎゃ ぎゃ

ぎゃ	ぎゃ	ぎゃ	ぎゃ	ぎゃ	ぎゃ	ぎゃ	ぎゃ	ぎゃ	ぎゃ	ぎゃ	
ぎゃ	ぎゃ	ぎゃ	ぎゃ	ぎゃ	ぎゃ	ぎゃ	ぎゃ	ぎゃ	ぎゃ	ぎゃ	
ぎゃ											

gyu

ぎゅ ぎゅ ぎゅ ぎゅ
ぎゅ ぎゅ ぎゅ ぎゅ

ぎゅ	ぎゅ	ぎゅ	ぎゅ	ぎゅ	ぎゅ	ぎゅ	ぎゅ	ぎゅ	ぎゅ	ぎゅ	
ぎゅ	ぎゅ	ぎゅ	ぎゅ	ぎゅ	ぎゅ	ぎゅ	ぎゅ	ぎゅ	ぎゅ	ぎゅ	
ぎゅ											

gyo

ぎょ ぎょ ぎょ ぎょ
ぎょ ぎょ ぎょ ぎょ

ぎょ	ぎょ	ぎょ	ぎょ	ぎょ	ぎょ	ぎょ	ぎょ	ぎょ	ぎょ	ぎょ	
ぎょ	ぎょ	ぎょ	ぎょ	ぎょ	ぎょ	ぎょ	ぎょ	ぎょ	ぎょ	ぎょ	
ぎょ											

ja

じゃ

1 2 3 4 5 6

じゃ じゃ じゃ じゃ
じゃ じゃ

じゃ	じゃ	じゃ	じゃ	じゃ	じゃ	じゃ	じゃ	じゃ	じゃ		
じゃ	じゃ	じゃ	じゃ	じゃ	じゃ	じゃ	じゃ	じゃ	じゃ		
じゃ											

ju

じゅ

1 2 3 4 5

じゅ じゅ じゅ
じゅ じゅ

じゅ	じゅ	じゅ	じゅ	じゅ	じゅ	じゅ	じゅ	じゅ	じゅ		
じゅ	じゅ	じゅ	じゅ	じゅ	じゅ	じゅ	じゅ	じゅ	じゅ		
じゅ											

jo

じょ

1 2 3 4 5

じょ じょ じょ
じょ じょ

じょ	じょ	じょ	じょ	じょ	じょ	じょ	じょ	じょ	じょ		
じょ	じょ	じょ	じょ	じょ	じょ	じょ	じょ	じょ	じょ		
じょ											

bya

びゃ びゃ びゃ びゃ
びゃ びゃ

びゃ	びゃ	びゃ	びゃ	びゃ	びゃ	びゃ	びゃ	びゃ	びゃ	びゃ	
びゃ	びゃ	びゃ	びゃ	びゃ	びゃ	びゃ	びゃ	びゃ	びゃ	びゃ	
びゃ											

byu

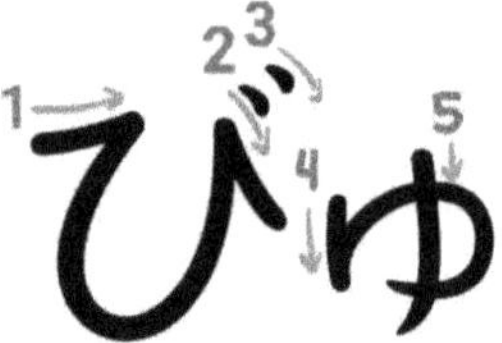

びゅ びゅ びゅ
びゅ びゅ

びゅ	びゅ	びゅ	びゅ	びゅ	びゅ	びゅ	びゅ	びゅ	びゅ	びゅ	
びゅ	びゅ	びゅ	びゅ	びゅ	びゅ	びゅ	びゅ	びゅ	びゅ		
びゅ											

byo

びょ びょ びょ
びょ びょ

びょ	びょ	びょ	びょ	びょ	びょ	びょ	びょ	びょ	びょ		
びょ	びょ	びょ	びょ	びょ	びょ	びょ	びょ	びょ	びょ		
びょ											

pya

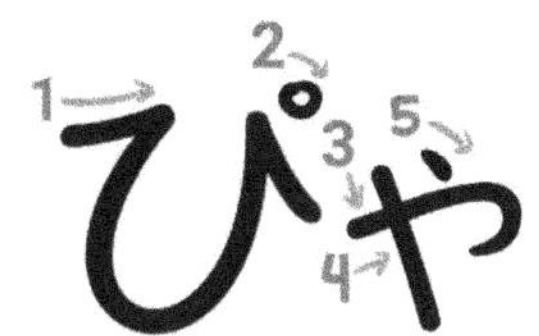

ぴゃ ぴゃ ぴゃ
ぴゃ ぴゃ

ぴゃ	ぴゃ	ぴゃ	ぴゃ	ぴゃ	ぴゃ	ぴゃ	ぴゃ	ぴゃ	ぴゃ	ぴゃ	
ぴゃ	ぴゃ	ぴゃ	ぴゃ	ぴゃ	ぴゃ	ぴゃ	ぴゃ	ぴゃ	ぴゃ	ぴゃ	
ぴゃ											

pyu

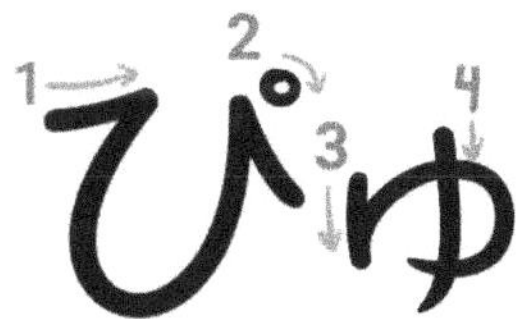

ぴゅ ぴゅ
ぴゅ ぴゅ

ぴゅ	ぴゅ	ぴゅ	ぴゅ	ぴゅ	ぴゅ	ぴゅ	ぴゅ	ぴゅ	ぴゅ		
ぴゅ	ぴゅ	ぴゅ	ぴゅ	ぴゅ	ぴゅ	ぴゅ	ぴゅ	ぴゅ	ぴゅ		
ぴゅ											

pyo

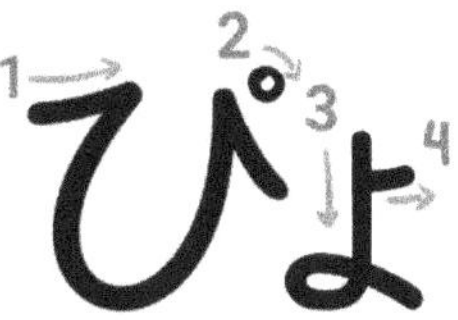

ぴょ ぴょ
ぴょ ぴょ

ぴょ	ぴょ	ぴょ	ぴょ	ぴょ	ぴょ	ぴょ	ぴょ	ぴょ	ぴょ		
ぴょ	ぴょ	ぴょ	ぴょ	ぴょ	ぴょ	ぴょ	ぴょ	ぴょ	ぴょ		
ぴょ											

Tablas de hiragana

	a-columna	***i***-columna	***u***-columna	***e***-columna	***o***-columna
a-línea	あ a	い i	う u	え e	お o
ka-línea	か ka	き ki	く ku	け ke	こ ko
sa-línea	さ sa	し shi	す su	せ se	そ so
ta-línea	た ta	ち chi	つ tsu	て te	と to
na-línea	な na	に ni	ぬ nu	ね ne	の no
ha-línea	は ha	ひ hi	ふ fu	へ he	ほ ho
ma-línea	ま ma	み mi	む mu	め me	も mo
ya-línea	や ya		ゆ yu		よ yo
ra-línea	ら ra	り ri	る ru	れ re	ろ ro
wa-línea	わ wa				を wo
ん n					

	a-columna	***i***-columna	***u***-columna	***e***-columna	***o***-columna
ga-línea	が ga	ぎ gi	ぐ gu	げ ge	ご go
za-línea	ざ za	じ ji	ず zu	ぜ ze	ぞ zo
da-línea	だ da	ぢ ji	づ zu	で de	ど do
ba-línea	ば ba	び bi	ぶ bu	べ be	ぼ bo
pa-línea	ぱ pa	ぴ pi	ぷ pu	ぺ pe	ぽ po

きゃ kya	きゅ kyu	きょ kyo
しゃ sha	しゅ shu	しょ sho
ちゃ cha	ちゅ chu	ちょ cho
にゃ nya	にゅ nyu	にょ nyo
ひゃ hya	ひゅ hyu	ひょ hyo
みゃ mya	みゅ myu	みょ myo

りゃ rya	りゅ ryu	りょ ryo
ぎゃ gya	ぎゅ gyu	ぎょ gyo
じゃ ja	じゅ ju	じょ jo
びゃ bya	びゅ byu	びょ byo
ぴゃ pya	ぴゅ pyu	ぴょ pyo

AGRADECIMIENTOS

Gracias por adquirir este libro y esperamos que su contenido le haya sido útil en su aprendizaje del japonés :)

Si este libro te ha resultado útil, no dudes en compartirlo con tus amigos y familiares.

Además, no dude en compartir su opinión en Amazon para saber si este libro le ayudó y si lo disfrutó. Somos una editorial joven, independiente y familiar, así que cualquier comentario puede marcar una gran diferencia y ayudarnos a mejorar. Le estaremos muy agradecidos.

Para ello, basta con escanear el código QR que aparece a continuación para aterrizar directamente en el área de reseñas del libro en Amazon.

Piensa a cuántas personas ayudarías sólo con esta reseña y con tu sincera opinión sobre este libro.
¡Gracias de nuevo por tu confianza! (y buen aprendizaje)

En la misma serie

¡Domina todos los caracteres japoneses y aprende a dibujar el katakana!

Gracias a este libro podrás escribir el alfabeto japonés muy fácilmente y la escritura japonesa dejará de ser un misterio para ti.

Puedes encontrarlo en Amazon pulsando el siguiente código QR

www.ingramcontent.com/pod-product-compliance
Lightning Source LLC
Chambersburg PA
CBHW041812110726
48006CB00019B/2359
9791095567066